AF214831

 _____

 _____

 _____

 _____

 _____

 _____

 _____

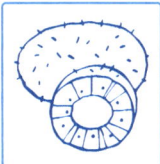 _____

Mein Wörter-Schreibheft · www.verlagruhr.de

_____

_____

_____

_____

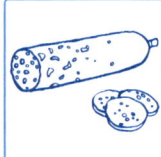
_____

_____

_____

_____

Mein Wörter-Schreibheft   www.verlagruhr.de

 _____

 _____

 _____

 _____

 _____

 _____

 _____

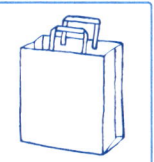 _____

Mein Wörter-Schreibheft www.verlagruhr.de

_____

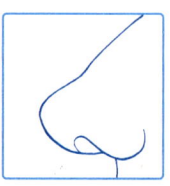

_____

_____

_____

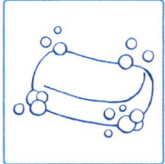

_____

_____

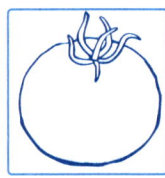

_____

_____

die Endung „-e"

Mein Wörter-Schreibheft · www.verlagruhr.de

Ha _____

_____

_____

_____

_____

_____

Mein Wörter-Schreibheft · www.verlagruhr.de

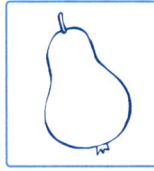 _____

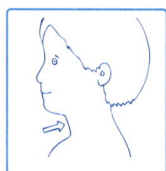 _____

 _____

 _____

 _____

 _____

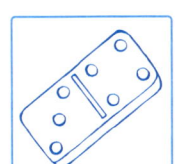 _____

 _____

 _____

 _____

 _____

 _____

_____

 _____

   _____

_____

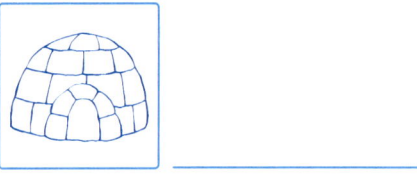  _____

_____

 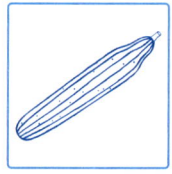 _____

_____

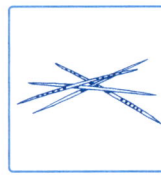  _____

_____

Lautunterscheidung „G/g" oder „K/k"

 _____

 _____

 _____

 _____

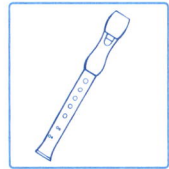 _____

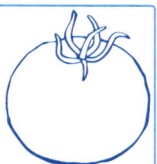 _____

Mein Wörter-Schreibheft www.verlagruhr.de

_____

_____

_____

_____

_____

_____

_____

_____

der Laut „P/p"

Mein Wörter-Schreibheft · www.verlagruhr.de

 _____

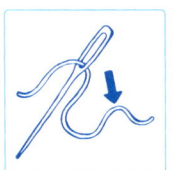 _____

 _____

 _____

 _____

 _____

 _____

 _____

Mein Wörter-Schreibheft   www.verlagruhr.de

 _____

 _____

 _____

 _____

 _____

5 + 3 = 8

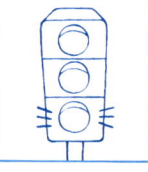 _____

 _____

 _____

_____

_____

_____

_____

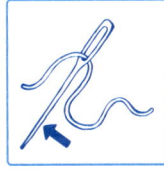

_____

_____

_____

_____

Mein Wörter-Schreibheft · www.verlagruhr.de

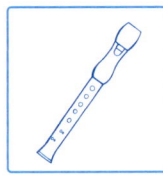 _____

 _____

 _____

 _____

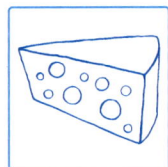 _____

 _____

Mein Wörter-Schreibheft   www.verlagruhr.de

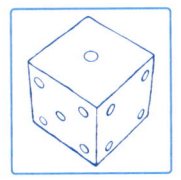 _____

 _____

 _____

 _____

 _____

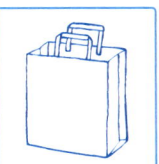 _____

Mein Wörter-Schreibheft · www.verlagruhr.de

 _____

 _____

 _____

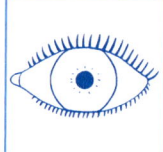 _____

 _____

 _____

 _____

 _____

 _____

 _____

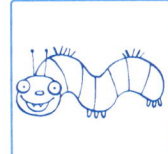 _____

 _____

Mein Wörter-Schreibheft www.verlagruhr.de

 _____

 _____

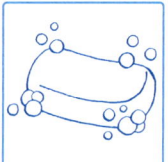 _____

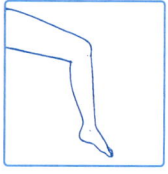 _____

 _____

 _____

 _____

 _____

Mein Wörter-Schreibheft · www.verlagruhr.de

_____

_____

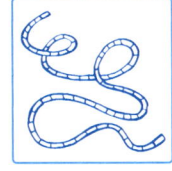
_____

_____

_____

_____

_____

_____

Mein Wörter-Schreibheft   www.verlagruhr.de

 _____

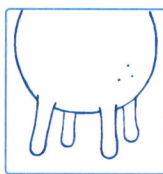 _____

 _____

 _____

 _____

 _____

der Laut „Eu/eu"

Mein Wörter-Schreibheft · www.verlagruhr.de

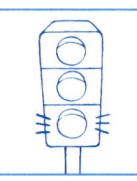 _____

 _____

 _____

 _____

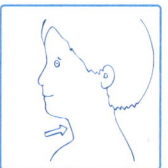 _____

 _____

 _____

 _____

 _____

 _____

 _____

 _____

 _____

 _____

 _____

 _____

Mein Wörter-Schreibheft · www.verlagruhr.de

 _____

 _____

 _____

 _____

 _____

 _____

 _____

 _____

 _____

 _____

 _____

 _____

 _____

 _____

Mein Wörter-Schreibheft   www.verlagruhr.de

 H _____

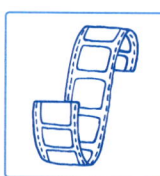 _____

 _____

 _____

 _____

 _____

 _____

 _____

Wörter mit schnellem „I/i"-Laut

 _____

 _____

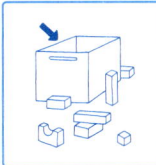 _____

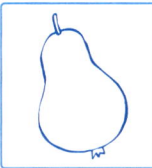 _____

 _____

 _____

 _____

 _____

 _____

 _____

 _____

 _____

 _____

 _____

Wörter mit schnellem „o"-Laut

Mein Wörter-Schreibheft · www.verlagruhr.de

 _____

 _____

 _____

 _____

 _____

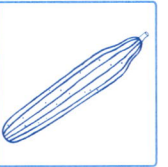 _____

 _____

 _____

 _____

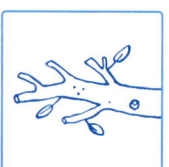 _____

 _____

 _____

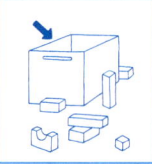 _____

 _____

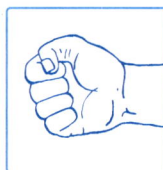 _____

 _____

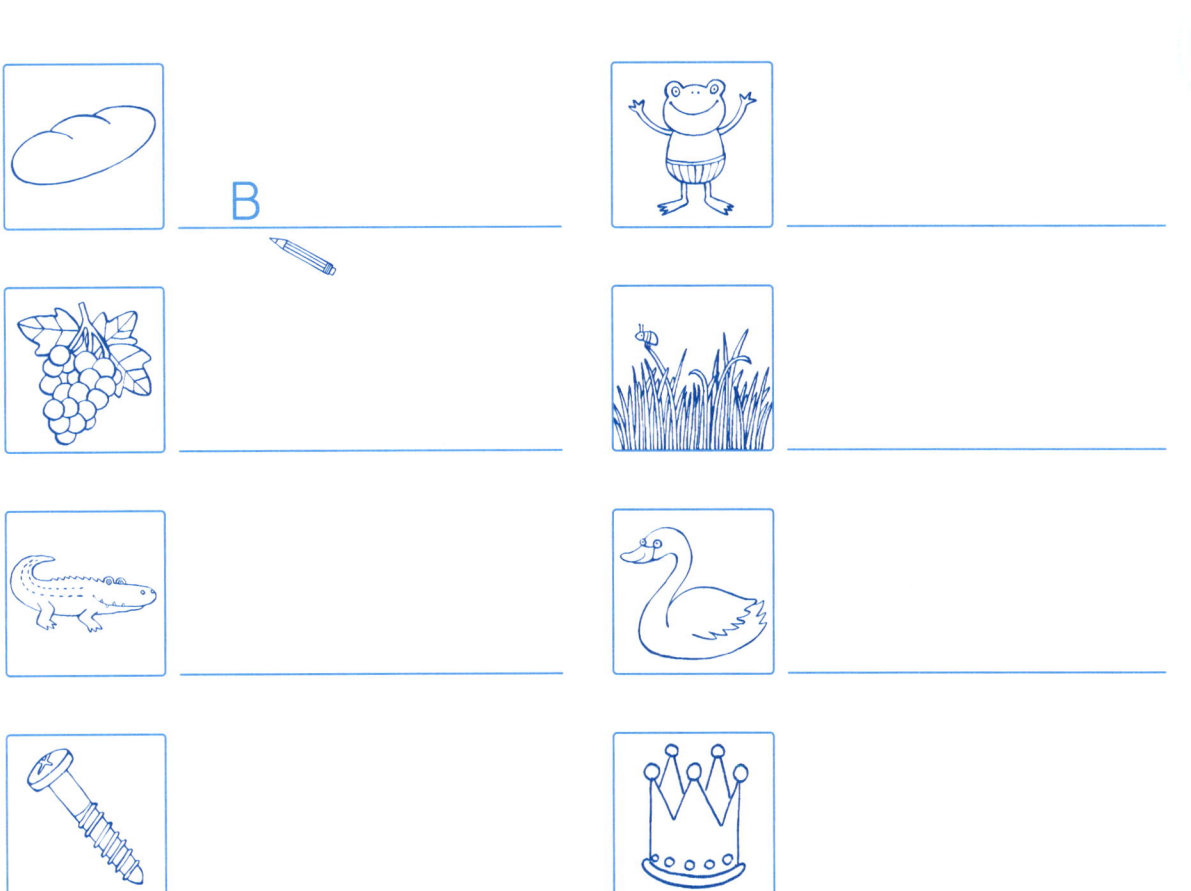

B _____

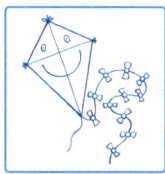 _____    _____

 _____    _____

 _____    _____

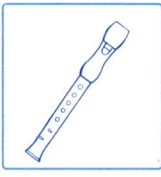 _____    _____

Wörter mit Konsonantenfolge

 _____

 _____

 _____

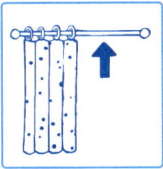 _____

 _____

 _____

 _____

 _____

Mein Wörter-Schreibheft · www.verlagruhr.de

 _____

 _____

 _____

 _____

 _____

 _____

 _____

 _____

Wörter mit dunklem „ch"-Laut

 _____

 _____

 _____

 _____

 _____

 _____

 _____

 _____

Mein Wörter-Schreibheft · www.verlagruhr.de

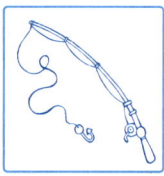 _____

 _____

 _____

 _____

 _____

 _____

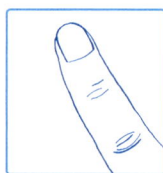 _____

 _____

Wörter mit „ng"-Laut

 _____

 _____

 _____

 _____

 _____

 _____

 _____

 _____

Mein Wörter-Schreibheft · www.verlagruhr.de

 _____

 _____

 _____

 _____

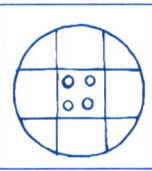 _____

 _____

 _____

 _____

Wörter mit „Pf/pf"-Laut

0588/ 75362

Qu

 _____

 _____

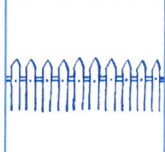 _____

 _____

 _____

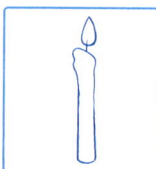 _____

 _____

 _____

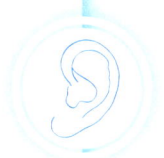

1 _____

_____

2 _____

_____

3 _____

_____

4 _____

_____

5 _____

_____

6 _____

_____

7 _____

_____

8 _____

_____

Mein Wörter-Schreibheft · www.verlagruhr.de

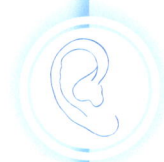

1 _____

_____

2 _____

_____

3 _____

_____

4 _____

_____

5 _____

_____

6 _____

_____

Hör-Wörter mit Konsonantenfolge (siehe Seite 2)

1 _____

_____

2 _____

_____

3 _____

_____

4 _____

_____

5 _____

_____

6 _____

_____

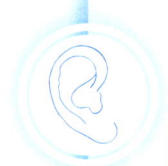

1 _____

_____

2 _____

_____

3 _____

_____

4 _____

_____

5 _____

_____

6 _____

_____

Hör-Wörter mit den Anlauten „Sp" oder „St" (siehe Seite 2)